Klick! 8

Arbeitsheft

Rechtschreiben
Grammatik

Herausgegeben von
Dorothee Braun

Erarbeitet von
Marion Böhme,
Martina Kolbe-Schwettmann,
Martina König, Michaela Krauß,
Michael Mumm, Miriam Wiedner

Inhaltsverzeichnis

Konjunktionen

Sätze erkennen – Sätze bilden

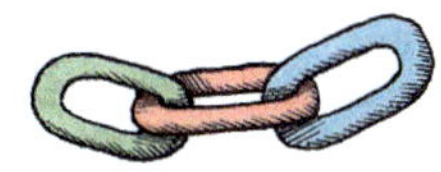

Satzglieder wiederholen und vertiefen

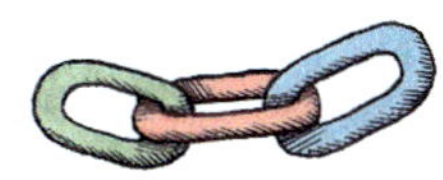

Wörter nachschlagen

Das kann ich!

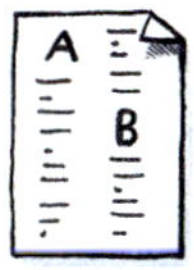

Mitsprechwörter – Nachdenkwörter

Wörter mit Doppelkonsonanten

Nach einem **kurzen Vokal** stehen oft 2 **gleiche Konsonanten**.
Wir nennen sie **Doppelkonsonanten**: die Rettung.

Mit dem Schiff nach Amerika

Vor über 100 Jahren / waren in Europa / viele Menschen arm. / Oft gab es / nur die Rettung, / Europa zu verlassen. / Viele Menschen / fuhren mit Schiffen nach Amerika. / Die Schiffe waren sehr voll. / Die Fahrt dauerte lange. / Aber alle Menschen / träumten davon, / in Amerika / ein neues Leben / beginnen zu können.

1 Womit fuhren die Menschen nach Amerika? Schreibe einen Satz.

2 Im Text findest du 7 unterschiedliche Wörter mit Doppelkonsonanten.

a) Markiere die Wörter.
b) Lies die Wörter laut. Achte auf die kurzen Vokale.
Tippe beim kurzen Vokal einen Punkt in die Luft.

3 a) Schreibe die markierten Wörter aus dem Text ab.
Benutze die Wortprofis für **Mitsprechwörter/Nachdenkwörter**.
Ergänze bei den Nomen die passenden Artikel.
b) Kennzeichne die kurzen Vokale mit einem Punkt.

→ Wortprofi Klappe vorn

Wörter mit **ff**:

Wörter mit **ll**:

Wörter mit **nn**:

Wörter mit **ss**:

Wörter mit **tt**:

4 Ergänze 2 weitere Wörter mit **ff**, **ll**, **nn**, **ss**, **tt**.
Du kannst in der Wörterliste nachschlagen.

→ Wörterliste S. 62–64

Wörter mit Doppelkonsonanten

5 Lies die Wörter laut. Achte auf die kurzen Vokale.
Tippe beim kurzen Vokal einen Punkt in die Luft.

wir wetten	er stoppt	die Erpressung
wir stoppen	ihr sammelt	der Wettkampf
wir sammeln	du kennst	das Stoppschild
wir kennen	er wettet	die Versammlung
wir pressen	er bestimmt	der Grillplatz
wir grillen	ihr presst	die Bestimmtheit
wir bestimmen	er grillt	das Kennwort

6 In Aufgabe 5 gehören immer 3 Wörter zusammen.

a) Finde die Wörter, die zusammengehören.
b) Markiere sie mit einer Farbe.

7 Schreibe die Wörter, die zusammengehören, nebeneinander auf.
Benutze die Wortprofis für **Mitsprechwörter/Nachdenkwörter**.

→ Wortprofi
Klappe vorn

wir wetten – er wettet – der Wettkampf

8 a) Finde zu jeder Wörterreihe ein weiteres Nomen.
Du kannst in der Wörterliste nachschlagen.
b) Schreibe die Nomen mit Artikel in die Zeilen bei Aufgabe 7.

→ Wörterliste S. 62–64

9 Schreibe den Text **Mit dem Schiff nach Amerika** in dein Heft ab.
Benutze den **Satzprofi**.

→ Satzprofi
Klappe hinten

Wörter mit Doppelkonsonanten

Fahrt nach Amerika

Thea erzählt von der Fahrt mit dem Schiff nach Amerika: „Der Hunger war schlimm. Ich wurde ganz dünn. Ich konnte kaum schlafen, weil ich mit meinen Schwestern ein Bett teilen musste. Aber es gab auch schöne Dinge. Ich mochte Tom, der auf dem Schiff arbeitete. Er war nett. Einmal gingen wir in der Nacht auf dem Schiff draußen spazieren. Der Mond schien ganz hell. Plötzlich küsste Tom mich. Es war schön und ich hoffte auf einen weiteren Kuss. Doch Tom traute sich nicht."

1 Wo arbeitete Tom?

Im Text findest du Nomen, Verben und Adjektive mit Doppelkonsonanten:
das Schiff, ich konnte, schlimm.

2 Markiere die Wörter mit Doppelkonsonanten im Text.

3 Schreibe die Nomen in der Einzahl und Mehrzahl auf.

das Bett – die Betten

4 a) Schreibe die Adjektive aus dem Text auf.
b) Vergleiche mit den Adjektiven.

schlimm – schlimmer als – am schlimmsten

5 Schreibe die Verben aus dem Text auf. Ergänze zu den Verben die Grundform. Achte auf den Vokalwechsel bei manchen Verben.

ich konnte – können

Wörter mit Doppelkonsonanten

Bei Nomen und Adjektiven gilt:
einmal Doppelkonsonant, immer Doppelkonsonant.
das Schiff – die Schiffe, still – stiller als – am stillsten

6 a) Schreibe diese Nomen in der Einzahl und in der Mehrzahl auf.
Achtung: Bei einigen Nomen wechselt der Vokal: **der Fall – die Fälle**.

der Schritt, der Gewinn, der Pfiff, der Fluss, der Schwamm, der Ball

b) Markiere den Doppelkonsonanten.

7 a) Vergleiche mit diesen Adjektiven: **hell – heller als – am hellsten**.

schnell, toll, knapp

b) Markiere den Doppelkonsonanten.

Schreibst du mit diesen Verben eine Wörterreihe auf,
bleibt der Doppelkonsonant erhalten: bestellen – er bestellt – er bestellte.

8 a) Schreibe zu den Verben eine Wörterreihe auf.

trennen, verpassen, hoffen

b) Markiere den Doppelkonsonanten.

9 Welche Wörter mit Doppelkonsonanten willst du üben?

a) Wähle 8 Wörter aus Aufgabe 3 bis 8 aus.
b) Bilde mit jedem Wort einen Satz.
c) Schreibe in dein Heft.

Merkwörter

Wörter mit V oder v

Wörter mit V/v sind Merkwörter. **!**
Wir müssen uns merken, wie diese Wörter geschrieben werden.

Diese Sätze sind schwer zu schreiben:

Beim Völkerball gelingt Volker vielleicht ein Volltreffer.

Man kann Vierecke in vier Viertel teilen.

1 In diesen Sätzen findest du Wörter mit **V** oder **v**.

a) Markiere die Wörter mit **V/v**.
b) Schreibe die Wörter ab. Benutze den Wortprofi für **Merkwörter**. Ergänze bei den Nomen die passenden Artikel.

→ Wortprofi Klappe vorn

2 Auch diese Wörter werden mit **V** oder **v** geschrieben.
Markiere alle **V/v**.

der Vogel   vorher   der Vollmond   der Vorname   vorne   verlieren

die Viertelstunde   voll   das Volk   von   der Vorhang   der Vater

3 Ergänze passende Wörter mit **V/v** aus Aufgabe 2.

Jeder Mensch hat eine Mutter und einen ______________.

15 Minuten sind eine ______________.

Ein Tier, das fliegen kann, ist ein ______________.

Am Fenster hängt oft ein ______________.

Das Gegenteil von leer ist ______________.

4 a) Bilde Sätze mit vielen **V/v**-Wörtern.
Die Sätze können auch lustig sein.
Volker teilt Vierecke vielleicht in vier Viertel.

b) Schreibe die Sätze in dein Heft.

Wörter mit V oder v

Einen Vulkan nachbauen

1. Schütte Sand in eine Kiste, sodass ein Sandhügel entsteht.
2. Gib Backpulver und Mehl in ein Reagenzglas. Schüttele kräftig.
3. Gib Wasser, Essig und einige Spritzer violette Speisefarbe dazu.
4. Stecke schnell einen Korken als Ventil in das Reagenzglas.
5. Stecke das Glas in den Sandhügel.

Beobachte, wie der Korken sich hebt. Es entstehen Gasblasen.
Diese lassen die Mischung wie Lava aus dem Vulkan fließen.

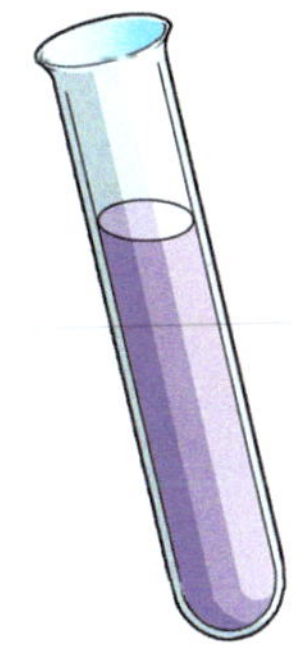

das Reagenzglas

1 Wofür brauchst du einen Korken? Schreibe einen Satz.

2 Im Text findest du Wörter mit **V** oder **v**.

a) Markiere die Wörter mit **V/v**.
b) Schreibe die Wörter ab. Benutze den Wortprofi für **Merkwörter**. Ergänze bei den Nomen den passenden Artikel.

→ Wortprofi Klappe vorn

3 Markiere auch in diesen Wörtern den Buchstaben **V/v**.

der November das Klavier die Vanille der Pullover

4 Welches Nomen aus Aufgabe 3 mit **V** oder **v** passt?
Ergänze die Nomen mit den passenden Artikeln.

Das Jahr hat 12 Monate. Es ist der 11. Monat. Es ist ________________.

Es ist ein Kleidungsstück. Wir ziehen es an, wenn uns kalt ist. Es ist ________________.

Es ist ein Gewürz. Man verwendet es für Eis oder Pudding. Es ist ________________.

Es ist ein Musikinstrument. Es hat schwarze und weiße Tasten. Es ist ________________.

5 Welche Wörter mit **V/v** willst du üben?

a) Wähle 6 Wörter aus Aufgabe 2 bis 4 aus.
b) Bilde mit jedem Wort einen Satz.
c) Schreibe in dein Heft.

Wörter mit ß

Wörter mit ß sind Merkwörter. **!**
Wir müssen uns merken, wie diese Wörter geschrieben werden.

Der Traum von Toni

Toni träumt davon, ein Fußballstar zu werden. Deshalb trainiert er fleißig. Er spielt jeden Tag Fußball auf der Straße. Toni ist außerdem Mitglied in einem Fußballverein. Heute schießt Toni einen Freistoß direkt in das Tor. Er genießt das Lob von den Mitspielern. Toni weiß: „Ohne Fleiß wird man kein Star!"

1 Wo ist Toni Mitglied? Schreibe einen Satz.

2 Im Text findest du 11 Wörter mit **ß**. Markiere die Wörter.

3 a) Schreibe die Wörter auf. Benutze den Wortprofi für **Merkwörter**.
Ergänze bei den Nomen den passenden Artikel.
Schreibe die Verben so auf: **er heißt**.
b) Markiere **ß**.

→ Wortprofi Klappe vorn

Toni trainiert fleißig mit Ali.

4 Ergänze die Sätze mit passenden Wörtern aus Aufgabe 3.

Auch Ali, der Freund von Toni, spielt gern ____________________.

Die beiden Freunde spielen jeden Tag auf der ____________________.

Jeden Mittwoch trainieren Ali und Toni im ____________________.

Heute schauen Kim und Ellen zu. Das ________________ Toni sehr.

Aber was ist mit Toni los? Er ______________ jeden Ball am Tor vorbei.

Armer Toni, so wird er kein ____________________.

Wörter mit ß

die Straße – die Straßen – der Straßenverkehr: immer ß

5 Hier gehören immer 3 Wörter zusammen.

a) Finde die Wörter, die zusammengehören.
b) Markiere die Wörter, die zusammengehören, mit einer Farbe.

wir grüßen	die Füße	der Fußboden
groß	er schließt	das Schließfach
süß	er gießt	der Geburtstagsgruß
der Fuß	größer als	die Gießkanne
wir gießen	der Gruß	die Süßigkeit
wir schließen	süßer als	die Großstadt

6 a) Schreibe die Wörter, die zusammengehören, nebeneinander auf. Benutze den Wortprofi für **Merkwörter**.
b) Markiere **ß**.

→ Wortprofi Klappe vorn

7 a) Wähle 5 Wörter mit **ß** aus Aufgabe 3 und 5 aus.
b) Bilde mit jedem Wort einen Satz.
c) Markiere **ß**.

Fremdwörter

Nomen mit -ion

Die Sensation

Im Endspiel um den Handball-Schulpokal beginnt die letzte Minute. Die Mannschaft von Igor hat ein Tor Vorsprung. Die Gegner greifen noch einmal an. In dieser schwierigen Situation kommt es auf Igor an. Er ist der Torwart. Er wartet mit großer Aufmerksamkeit und Konzentration auf den Wurf. Der Spieler von der Gegenmannschaft feuert den Ball aufs Tor. Igor nimmt schnell seinen Fuß hoch und wehrt den Ball ab. Das ist eine tolle Reaktion. Nun gewinnt die Mannschaft von Igor tatsächlich den Pokal. Alle sind von dem Erfolg überrascht. Es ist eine richtige Sensation.

1 Wie wartet Igor auf den Wurf?

2 Im Text findest du 4 Nomen mit **-ion** am Ende.

a) Schreibe die Nomen mit Artikel auf.
b) Markiere bei allen Nomen die Endung **-ion**.

Zu jedem Fremdwort aus Aufgabe 2 gibt es eine passende Übersetzung.

3 Kreuze die passende deutsche Übersetzung an.

die Konzentration

☐ etwas, was mich an jemandem stört
☐ ein anderes Wort für Aufmerksamkeit

die Sensation

☐ ein überraschender Erfolg
☐ ein Gefühl, das ich für jemanden habe

die Situation

☐ ein bestimmter Augenblick, eine besondere Lage
☐ ein Musikwettbewerb

die Reaktion

☐ ein Verhalten als Antwort auf etwas
☐ etwas aufbauen

Verben mit -ieren

Viel zu tun!

Der Hausmeister muss den wackligen Stuhl reparieren
und die Schrauben am Schrank kontrollieren,
er muss einen neuen Computer installieren
und die Verpackung zum Müll transportieren,
er muss den neuen Kopierer ausprobieren
und unsere Hausaufgaben ... NEIN!
die muss er dann doch nicht korrigieren.

1 a) Was muss der Hausmeister alles tun? Schreibe auf.
b) Was muss er nicht tun? Schreibe auf.
c) Markiere alle Verben mit der Endung **-ieren**.

Der Hausmeister muss ______________________

____

____

____

____

____

____

Auch die Lehrerin hat viel zu tun.

2 Ergänze passende Verben.

Die Lehrerin muss die Hausaufgaben ______________

und mit den Eltern ______________,

sie muss die Klassenfahrt ______________

und den kaputten Stuhl ... NEIN!

den muss sie dann doch nicht ______________.

→ reparieren
organisieren
korrigieren
telefonieren

Großschreibung

Aus Verben werden Nomen

In der Jugendherberge

Die Jugendlichen der Klasse 8 übernachten bei ihrer Klassenfahrt in einer Jugendherberge. Bei der Ankunft gibt der Herbergsvater Hinweise: „Die Fläche vor dem Haus ist für das Fahren mit Inlinern gut geeignet. Auf der Wiese ist das Spielen mit dem Ball erlaubt. Das Betreten der Zimmer ist nur mit Hausschuhen erwünscht. Auf den Fluren ist das Rennen nicht erwünscht. Nach 22 Uhr ist das Verlassen der Zimmer nicht mehr erlaubt."

1 Was ist auf der Wiese erlaubt?

2 Diese Verben sind im Text zu Nomen geworden. Sie werden deshalb großgeschrieben.

fahren, spielen, betreten, rennen, verlassen

a) Finde die neuen Nomen im Text und markiere sie.
b) Markiere auch den Artikel **das** vor den neuen Nomen.

3 a) Schreibe die Verben, die im Text zu Nomen geworden sind, mit dem Artikel **das** auf.
b) Markiere den Artikel **das**.

Aus Verben können Nomen werden.
Der Artikel das macht es möglich: lachen – das Lachen.
Nomen werden großgeschrieben.

4 a) Bilde aus diesen Verben Nomen.

wandern, laufen, üben, tanzen, kochen, lesen

b) Schreibe sie auf. Markiere den Artikel **das**.

wandern – das Wandern

Aus Verben werden Nomen

Gutes Benehmen erwünscht

Die Jugendlichen sollen sich beim Essen in der Jugendherberge gut benehmen. Deshalb gibt es Regeln. Die Jugendlichen sollen pünktlich zum Essen da sein. Beim Sprechen untereinander sollen die Jugendlichen rücksichtsvoll sein. Das Messer ist zum Schneiden da. Beim Abräumen von dem Geschirr sollen alle helfen.

1 Wobei sollen alle Jugendlichen helfen?

Aus Verben können Nomen werden. Die Wörter beim oder zum machen es möglich: beim Tragen, zum Tragen.

2 Im Text sind diese Verben zu Nomen geworden.

essen, sprechen, schneiden, abräumen

a) Finde die neuen Nomen im Text.
b) Schreibe die Nomen mit **beim** oder **zum** auf.
c) Markiere **beim** und **zum**.

beim Essen,

3 Bilde aus einem Verb ein Nomen. Schreibe die Sätze in dein Heft.

Marek telefoniert viel mit Karola.
Beim Telefonieren haben Marek und Karola sich viel zu erzählen.

Tabea klettert schon lange im Alpenverein.
Beim ___ hat sich Tabea noch nie verletzt.

Jan liest fast jeden Abend im Bett.
Beim ___ merkt er oft nicht, wie spät es ist.

Thea hört Musik gern mit ihren neuen Kopfhörern.
Zum ___ von Musik benutzt Thea gern ihre neuen Kopfhörer.

Leon und Moritz wollen im Freibad schwimmen gehen.
Zum ___ verabreden sie sich um 15.00 Uhr.

Mit Wortfamilien üben

Die Wortfamilie spielen

Spiele ausprobieren

Jarno und Gina probieren gern neue Spiele aus. In der Stadt wird heute ein neues Spiele-Geschäft eröffnet. Jarno und Gina gehen dort hin. Sie suchen ein Spiel für 2 bis 4 Spieler. Sie finden ein neues Computerspiel, aber das ist zu teuer. Doch dann sehen sie, dass man an einigen Tischen Kartenspiele ausprobieren kann. Zwei Jugendliche von einem Spieltisch winken ihnen zu. Einer von den Jugendlichen ruft: „Wollt ihr auch mitspielen?"

1 Was suchen Jarno und Gina? Schreibe einen Satz.

Menschen in einer Familie sind miteinander verwandt.
Auch Wörter haben eine Familie.

2 Im Text findest du 8 Wörter aus der Wortfamilie **spielen**.

a) Markiere die Wörter.
b) Schreibe die Wörter auf. Ergänze bei den Nomen die passenden Artikel.

die Spiele

3 Was ist in allen Wörtern der Wortfamilie **spielen** gleich?
Markiere bei Aufgabe 2, was immer gleich bleibt.

4 a) Finde weitere Wörter aus der Wortfamilie **spielen**.
b) Schreibe sie auf.

5 a) Wähle 5 Wörter aus der Wortfamilie **spielen** aus.
b) Bilde mit jedem Wort einen Satz. Schreibe in dein Heft.

Die Wortfamilie sprechen

**Die Jugendlichen der Klasse 8 sprechen über das Klassenfest.
Thea ist Klassensprecherin und soll vor den Eltern eine Rede halten.**

Die Rede für das Klassenfest

Thea fragt: „Warum muss ich als Klassensprecherin die Rede halten?"

Lisa entgegnet: „Ach, Thea! Das hatten wir doch abgemacht! Außerdem kannst du von uns allen am besten sprechen."

Thea sagt: „Aber wenn ich mich verspreche, ist das peinlich."

Tim sagt: „Das ist nicht schlimm. Der Nachrichtensprecher hat sich gestern auch einen Versprecher geleistet."

Mark weiß: „Du musst dir die Rede oft vorsprechen, dann wirst du sicher."

1 Was ist Thea peinlich?

2 Im Text findest du 6 Wörter der Wortfamilie **sprechen**.

a) Markiere die Wörter.
b) Schreibe die Wörter auf. Ergänze bei den Nomen die Artikel.

die Klassensprecherin

3 Was ist bei allen Wörtern der Wortfamilie **sprechen** in Aufgabe 2 gleich?
Markiere, was gleich bleibt.

Auch diese Wörter gehören zur Wortfamilie sprechen:

die Sprache   sprachlos   die Aussprache   die Fremdsprache.

4 Was ist bei diesen Wörtern gleich? Markiere.

5 a) Ergänze die Sätze mit passenden Wörtern aus Aufgabe 2 bis 4.
b) Schreibe die Sätze in dein Heft.

Ein Fehler beim Sprechen ist ein ___.
Englisch ist eine ___.
Wenn ich nichts sagen kann, bin ich ___.
Einen Vortrag kann ich am besten üben, wenn ich mir den Text ___.

Mit Wörterreihen üben

Wörterreihen mit Verben

**Wenn wir Verben in das Präteritum oder in das Perfekt setzen,
ändert sich bei manchen Verben auch der Vokal:
ich treffe – ich traf – ich habe getroffen.
Diese Verben kannst du als Wörterreihe aufschreiben und üben.**

So schreibe ich Wörterreihen auf.

1 Ich lese die Wörterreihe. Dabei achte ich auf die blauen Vokale.

2 Ich wiederhole die Wörterreihe im Kopf.

3 Ich decke die Wörter zu.

4 Ich schreibe die Wörterreihe auswendig auf.

5 Ich vergleiche.

6 Ich verbessere die Fehler.

1 a) Lies die Wörterreihen.
b) Schreibe die Wörterreihen auswendig auf.

ich werfe – ich warf – ich habe geworfen

ich spreche – ich sprach – ich habe gesprochen

ich nehme – ich nahm – ich habe genommen

ich helfe – ich half – ich habe geholfen

2 a) Lies die Wörterreihen.
b) Schreibe die Wörterreihen auswendig in dein Heft.

ich finde – ich fand – ich habe gefunden

ich trinke – ich trank – ich habe getrunken

ich singe – ich sang – ich habe gesungen

Wörterreihen mit Verben

Verwende nun die Verben aus den Wörterreihen in Sätzen.

Jugendliche der Klasse 8 erzählen von ihrem Tagesablauf oder berichten von ihrer Klassenfahrt.

3 Wanda erzählt, was sie vor der Schule alles macht.
Ergänze passende Verben aus Aufgabe 1 und 2.

Verben im Präsens

„Wenn ich unter der Dusche stehe, singe ______ ich ein Lied.

Ich ______ meiner Mutter in der Küche.

Ich ______ zum Frühstück eine Tasse Tee.

Ich ______ mit meiner Mutter über die Party am Samstag."

4 Theo schreibt auf, was während der Klassenfahrt passierte.
Ergänze passende Verben aus Aufgabe 1 und 2.

Verben im Präteritum

Ich nahm ______ jeden Morgen ein kühles Bad im See.

Beim Basketballspiel ______ ich den entscheidenden Korb.

Ich ______ das Essen abends super.

Auf der Abschlussfeier ______ ich drei Flaschen Limonade.

5 Nina erzählt, was sie am letzten Wochenende gemacht hat.
Ergänze passende Verben aus Aufgabe 1 und 2.

Verben im Perfekt

„Vormittags habe ______ ich mit meiner Freundin gesungen ______.

Nach dem Mittagessen ______ ich meiner Schwester

beim Aufräumen ______.

Dann ______ ich alte Kleidung in den Kleidercontainer

______."

Nomen wiederholen

Nomen mit -heit, -keit, -ung

Das zusätzliche Praktikum

Boris hat sich für ein zusätzliches Praktikum in einer Baufirma beworben. Er hofft auf die Gelegenheit, durch gute Arbeit auf sich aufmerksam zu machen. Dann hat er später die Möglichkeit, in der Firma eine Lehrstelle zu bekommen. Lea möchte ein zusätzliches Praktikum in einem Jeansgeschäft machen. Lea findet die Begegnung mit den Kunden sehr aufregend. Lea weiß, dass sie Offenheit und Freundlichkeit zeigen muss. Aber Lea freut sich auf die neue Herausforderung.

1 Was findet Lea sehr aufregend? Schreibe einen Satz.

2 Im Text findest du Nomen mit **-heit**, **-keit** und **-ung**. Markiere sie.

3 a) Ordne die Nomen in die Tabelle ein. Ergänze den Artikel.
b) Markiere **-heit**, **-keit** und **-ung**.

Nomen mit -heit	Nomen mit -keit	Nomen mit -ung

4 a) Finde weitere Nomen mit **-heit**, **-keit** und **-ung**.
Du kannst auch in der Wörterliste nachschlagen.
b) Ordne sie in die Tabelle ein.

→ Wörterliste S. 62–64

Nomen mit -heit **,** -keit **und** -ung **werden großgeschrieben.**
Sie haben den Artikel die: die Frechheit, die Möglichkeit.

Nomen mit -heit, -keit, -ung

Aus Adjektiven können wir Nomen mit -heit und mit -keit bilden:
klar → die Klarheit, ehrlich → die Ehrlichkeit.

5 a) Bilde aus den Adjektiven weitere Nomen mit **-heit** und **-keit**.
Schreibe sie mit Artikel auf.
b) Markiere **-heit** und **-keit**.

Nomen mit -heit

wahr – die Wahrheit ____ frech – ____
schön – ____ gemein – ____
dumm – ____ dunkel – ____

Nomen mit -keit

schwierig – die Schwierigkeit ____ sauber – ____
zärtlich – ____ flüssig – ____
fähig – ____ tapfer – ____

Aus Verben können wir Nomen mit -ung bilden:
heiz~~en~~ → die Heizung.

6 a) Bilde aus den Verben weitere Nomen mit **-ung**.
Streiche dazu bei den Verben **-en**.
b) Schreibe die Nomen mit den passenden Artikeln auf.
c) Markiere **-ung**.

erfind~~en~~ – die Erfindung ____ beschreiben – ____
belohnen – ____ führen – ____
bewerben – ____ erwarten ____

7 a) Ergänze die Sätze mit passenden Nomen aus Aufgabe 5 und 6.
b) Schreibe die Sätze in dein Heft.

Pia beschreibt ihrem Vater den Weg. Von dem Weg macht sie eine ____.
Elena ist sehr frech zu Miriam. Miriam mag die ____ von Elena nicht.
Marek wird für seine gute Arbeit belohnt. Er bekommt eine ____.
Luisa will sich für ein Praktikum bewerben. Sie schreibt eine ____.

Adjektive wiederholen

Adjektive mit -ig und mit -lich

Conny und Tina sehen viele Menschen an einer Kreuzung.

Conny: „Schau mal, wie neugierig die Menschen herumstehen!"

Tina: „Das sieht verdächtig nach einem Unfall aus. Lass uns hingehen."

Conny: „Du hast es aber eilig!"

Tina: „Die Kreuzung ist sehr gefährlich! Die Fußgänger kann man erst sehen, wenn sie auf der Straße sind."

Conny: „Ja, hier passieren fast täglich Unfälle. Hier muss endlich eine Ampel hin!"

1 Warum ist die Kreuzung gefährlich? Schreibe einen Satz.

2 Im Text findest du 3 Adjektive mit **-ig** und 3 Adjektive mit **-lich**.

a) Markiere die Adjektive.
b) Schreibe die Adjektive auf.

-ig ____________________

-lich ____________________

Mit -ig und mit -lich können wir aus Nomen Adjektive bilden:
der Wind → windig, das Fest → festlich.
Adjektive werden kleingeschrieben.

3 Bilde Adjektive mit **-ig** und **-lich**. Schreibe sie auf.

-ig	die Neugier → ________	das Fett → ________
	der Mut → ________	der Zorn → ________
-lich	der Sport → ________	der Mensch → ________
	die Schrift → ________	der Feind → ________

Adjektive mit -ig und mit -lich

Wenn wir aus Nomen Adjektive mit -ig und -lich bilden, fällt manchmal das e vom Nomen weg: die Lieb~~e~~ → lieblich.

4 Bilde Adjektive mit **-ig** und **-lich**. Streiche das **e** in dem Nomen.

-ig	die Ruh~~e~~ → ruhig		die Eile → ______	
	die Sonne → ______		der Riese → ______	
-lich	die Farbe → ______		die Sache → ______	
	der Friede → ______		die Geschichte → ______	

Mit -ig und mit -lich können wir aus Nomen Adjektive bilden. Dabei verändert sich manchmal der Vokal:
die Last → lästig, der Tag → täglich, das Rot → rötlich.

5 a) Bilde Adjektive mit **-ig** und **-lich**. Kontrolliere mit der Wörterliste.
b) Markiere alle **ä**, **ü** und **ö**.

-ig	der Zufall → ______		die Vernunft → ______	
	die Macht → ______		die Kraft → ______	
-lich	die Natur → ______		das Wort → ______	
	die Gefahr → ______		das Jahr → ______	

6 Bei den folgenden Sätzen wurden Adjektive vertauscht.
Welches Adjektiv passt?
Setze die Adjektive richtig ein und schreibe die Sätze in dein Heft.

Das ist eine neugierige Entscheidung.
Unsere schriftliche Nachbarin beobachtet alles genau.
Die sonnige Aufgabe ist sehr schwer.
Der gefährliche Tag im Park ist sehr schön.
Die vernünftige Kreuzung führt zu vielen Unfällen.

7 a) Wähle 6 Adjektive aus Aufgabe 3, 4 und 5 aus.
b) Bilde mit jedem Adjektiv einen Satz.
c) Schreibe in dein Heft.

Verben wiederholen und vertiefen

Über Vergangenes schreiben

Finn beobachtete am letzten Montag an seiner Schule einen Fahrraddiebstahl. Er schreibt dazu einen Bericht für die Schülerzeitung.

Fahrraddiebstahl an unserer Schule

Am letzten Montag entdeckte ich an unserer Schule einen Fahrraddiebstahl. Ich schaute aus dem Fenster im 3. Stock. Da bemerkte ich einen Mann in der Nähe von unserem Fahrradständer. Der Mann suchte etwas in seiner Tasche. Er holte eine Zange aus der Tasche. Damit knackte er das Fahrradschloss. Dann eilte der Mann mit dem Fahrrad davon. Ich erzählte meinem Klassenlehrer von dem Vorfall. Mein Klassenlehrer benachrichtigte sofort die Polizei.

1 Was holte der Mann aus der Tasche? Schreibe einen Satz.

2 Im Text stehen alle Verben in der Vergangenheit (Präteritum). Markiere die Verben im Text.

3 Ergänze die Verben in der Vergangenheit (Präteritum).

ich entdecke – ich entdeckte	er knackt ______
ich schaue ______	ich bemerke ______
er sucht ______	er holt ______
er eilt ______	ich erzähle ______
er benachrichtigt ______	ich berichte ______

Wenn wir **über Vergangenes schreiben**, benutzen wir Verben im **Präteritum**: ich kaufte, er lebte.

Über Vergangenes schreiben

Zwei Polizisten fassten den Dieb noch am gleichen Tag.
Sie müssen über den Diebstahl einen Bericht schreiben.

4 Ergänze die Verben in der Vergangenheit (Präteritum).

Um 8:30 Uhr ______________________ uns ein Anruf aus der Schule.
(erreichen)

Ein Schüler ______________________ von einem Fahrraddiebstahl.
(erzählen)

Er ______________________ den Täter sehr genau.
(beobachten)

Die Beschreibung ______________________ uns zu dem Täter.
(führen)

Nachdem die Polizisten den Dieb festgenommen hatten, untersuchten sie die Wohnung von dem Dieb.

5 Schreibe den Bericht von den Polizisten.
Bilde Sätze mit Verben in der Vergangenheit (Präteritum).

Wir *entdeckten im Keller 5 Fahrräder* ______________________.

Der Täter ______________________
______________________.

Er ______________________
______________________.

Wir ______________________
______________________.

Der Täter ______________________.

Er ______________________.

Wir ______________________
______________________.

→ ~~5 Fahrräder entdecken~~

in einer Kiste Fahrradklingeln sammeln

in einem Regal 20 Luftpumpen lagern

den Täter nach den sichergestellten Gegenständen befragen

nichts dazu sagen

mit einem Anwalt telefonieren

die Gegenstände in einen Lieferwagen packen

Über Vergangenes schreiben

Felix schreibt einen Tagesbericht über sein Praktikum.
Hier steht der Anfang von seinem Tagesbericht.

Ein Tag beim Sanitär-Installateur

Name: Felix Abel   Datum: 20.09.2009

Ich kam pünktlich um sieben Uhr in die Firma Henke. Herr Rath, der Meister, fuhr mit mir zu einem Kunden. Dort besprach Herr Rath mit dem Kunden den Auftrag. Ich trug das Werkzeug in das Badezimmer. Der Kunde ging in den Keller, um das Wasser abzustellen. Herr Rath begann mit dem Abschrauben der Armaturen. Ich half beim Heraussuchen der Werkzeuge. Ich gab Herrn Rath als Erstes die Rohrzange.

1 Was besprach der Kunde mit Herrn Rath? Schreibe einen Satz.

2 Im Text findest du 8 Verben in der Vergangenheit (Präteritum). Markiere die Verben.

3 a) Schreibe die markierten Verben aus dem Text auf.
b) Ordne jedem Verb in der Vergangenheit (Präteritum) das passende Verb in der Gegenwart (Präsens) zu.

ich kam – ich komme	

→ ich helfe
er bespricht
er geht
er fährt
ich trage
ich gebe
~~ich komme~~
er beginnt

Manche Verben verändern sich, wenn wir sie in der Vergangenheit (Präteritum) verwenden: ich singe – ich sang, er weiß – er wusste.

4 a) Lies die Wortpaare in Aufgabe 3.
b) Markiere, was jeweils anders ist.

5 Hier gehören immer drei Verben zusammen.

a) Markiere die Verben, die zusammengehören, in der gleichen Farbe.
b) Schreibe die Verben als Wörterreihe auf.

trinken	ich sitze	er aß
bleiben	er schreibt	er fand
finden	ich bleibe	er trank
sitzen	er isst	er schrieb
essen	er trinkt	ich blieb
schreiben	er findet	ich saß

trinken – er trinkt – er trank

Das Gedicht reimt sich, wenn du die Verben in der Vergangenheit (Präteritum) aufschreibst.

6 a) Markiere die Verben.
b) Bilde von den Verben die Vergangenheit und schreibe das Gedicht auf.

Als Felix in der Sonne sitzt
und ganz gemütlich Brote isst,
der Meister lieber im Auto bleibt
und fleißig seine Rechnung schreibt.

Verben mit ent-

Das Casting

Dana will bei einem Casting* mitmachen. Es geht darum, die beste Sängerin zu entdecken. Die Freundin von Dana hilft ihr, die Bewerbung zu entwerfen. Aus der Bewerbung soll die Jury** entnehmen, was Dana gut kann.

Endlich kommt die Antwort von der Jury. Dana darf bei der ersten Runde mitmachen! Nach der ersten Runde werden viele Bewerber entlassen. Aber Dana kommt eine Runde weiter. Sie übt viel. Wird sich die Jury auch in der nächsten Runde für sie entscheiden?

* Bei einem Casting soll zum Beispiel eine gute Sängerin gesucht werden. Viele Jugendliche stellen ihren Gesang vor. Die Beste wird ausgewählt.

** Eine Jury ist eine Gruppe von Personen. Diese Personen entscheiden, wer zum Beispiel einen Preis oder ein Casting gewinnt.

1 Wobei hilft die Freundin von Dana?

____

2 a) Im Text findest du 5 Verben mit **ent-**. Markiere sie.
b) Schreibe die Verben auf. Markiere **ent-**.

____

____

3 Welche Verben mit **ent-** passen?
Ergänze die Sätze. Benutze dazu die Verben aus Aufgabe 2.

Bei einem Gesang-Casting geht es darum, den besten Sänger zu

______________. Aus der Bewerbungsmappe kann die Jury

wichtige Informationen über die Teilnehmer ______________.

Die Jury muss sich nach jedem Vorsingen für die besten Sänger

______________.

Wer nicht gut genug ist, wird ______________.

Verben mit ent-

Mit ent- können wir neue Verben bilden.

ent werfen

4 Bilde neue Verben mit **ent-**.

ent- + wir werfen wir entwerfen

ent- + wir täuschen ____________

ent- + wir spannen ____________

ent- + wir wickeln ____________

ent- + wir kommen ____________

ent- + wir reißen ____________

Aber: werfen ist etwas anderes als entwerfen!

5 Welches Verb passt? Ergänze die Sätze.

Die Katze ist verschwunden. Wahrscheinlich ist sie ____________.
(laufen/entlaufen)

Wir haben den Bus verpasst. Nun müssen wir zu Fuß ____________.
(laufen/entlaufen)

Mir ist es egal, was wir machen. Ich werde mich nach dir ____________.
(richten/entrichten)

Beim Parken im Parkhaus muss man eine Gebühr ____________.
(richten/entrichten)

Das Baby braucht eine neue Windel. Wir müssen es ____________.
(wickeln/entwickeln)

Meine Urlaubsfotos lasse ich im Fotogeschäft ____________.
(wickeln/entwickeln)

6 a) Wähle aus Aufgabe 4 drei Verben aus.
b) Bilde mit den Verben Sätze wie in Aufgabe 5.
c) Schreibe die Sätze in dein Heft.

Verben mit be-, er-, ver-

Dana darf an der 2. Runde von dem Casting teilnehmen.

Die zweite Runde beim Casting

Die zweite Runde beim Casting fängt an. Dana und die anderen Teilnehmerinnen erhalten ihre Startnummer. Die Vorgängerin von Dana hat vor Aufregung ihren Liedtext vergessen. Nun ist Dana dran. Als sie die Bühne betreten darf, hat sie Herzklopfen. Sie muss beweisen, was sie kann. Aber sie weiß, dass sie ihren Fähigkeiten vertrauen kann.

Die Jury braucht lange, um die besten Sängerinnen zu bestimmen. Endlich fällt die Entscheidung. Die Vorgängerin von Dana muss die Gruppe verlassen. Dana ist weiter dabei! Ob sie sogar Erste wird, wird sie aber erst in der Endrunde erfahren.

1 Was ist der Vorgängerin von Dana passiert? Schreibe einen Satz.

2 Im Text findest du Verben mit **be-**, **er-**, **ver-**.

a) Markiere diese Verben.
b) Schreibe die Verben in die Tabelle.

be-	er-	ver-

Hier ist etwas durcheinandergeraten.

3 a) Vergleiche die folgenden Sätze mit dem Text.
b) Schreibe die Sätze richtig in dein Heft.

Dana und die anderen Teilnehmerinnen bestimmen ihre Startnummer.
Die Jury braucht lange, um die besten Sängerinnen zu verlassen.
Die Vorgängerin von Dana muss die Gruppe erhalten.

Verben mit be-, er-, ver-

Mit den Vorsilben be-, er-, ver- können wir neue Verben bilden.

4 Bilde neue Verben mit **be-**, **er-**, **ver-**.

be- + wir sitzen wir besitzen

be- + wir malen ____________________

be- + wir grüßen ____________________

er- + wir leben ____________________

er- + wir kennen ____________________

er- + wir öffnen ____________________

ver- + wir kaufen ____________________

ver- + wir handeln ____________________

ver- + wir schieben ____________________

Aber: suchen ist etwas anderes als besuchen, raten ist etwas anderes als erraten und lieben ist etwas anderes als verlieben.

5 Welches Verb passt? Ergänze die Sätze.

Bald fahren wir in den Freizeitpark. Dort können wir viel ____________________.
(leben/erleben)

Wenn ich erwachsen bin, will ich in einer großen Stadt ____________________.
(leben/erleben)

Wir haben keine Milch mehr. Kannst du bitte neue Milch ____________________?
(kaufen/verkaufen)

Kannst du unser altes Zelt über das Internet ____________________?
(kaufen/verkaufen)

Meine Oma ist krank. Ich will sie im Krankenhaus ____________________.
(suchen/besuchen)

Ich finde meine Kette nicht. Hilfst du mir ____________________?
(suchen/besuchen)

Zusammengesetzte Verben

Mirja hat einen neuen Freund

Die Jugendlichen sollen im Unterricht einen Text vorlesen und Fragen dazu beantworten. Mirja schaut aus dem Fenster. Der Lehrer ermahnt Mirja: „Kannst du bitte aufpassen?“ Aber Mirja kann nicht über die Fragen nachdenken. Sie kann heute überhaupt nicht im Unterricht mitmachen, denn sie hat einen neuen Freund: Joschi. Mirja will Joschi sofort nach der Schule anrufen. Vielleicht wird er sie dann sogar abholen und zum Eisessen einladen.

1 Warum kann Mirja heute im Unterricht nicht mitmachen?
Schreibe einen Satz.

2 Im Text sind 7 Verben hervorgehoben.
Schreibe die Verben untereinander auf.

vor ______________________

auf ______________________

nach ______________________

mit ______________________

an ______________________

ab ______________________

ein ______________________

3 Markiere bei den Verben in Aufgabe 2 **vor**, **auf**, **nach**, **mit**, **an**, **ab**, **ein**.

4 a) Finde weitere Verben mit **vor**, **auf**, **nach**, **mit**, **an**, **ab**, **ein** in der Wörterliste.
b) Schreibe sie zu den Verben in Aufgabe 2.

→ Wörterliste S. 62–64

Zusammengesetzte Verben

Wir können Verben mit vor, auf, mit, nach, an, ab, ein zusammensetzen. Neue Verben entstehen.

ab machen   auf schreiben   vor sagen

5 Bilde neue Verben.
Oft gibt es bei einem Verb mehrere Möglichkeiten:
abschalten, **einschalten**.

führen, kommen, nehmen, spielen, schreiben

ab ______________________________

an ______________________________

auf ______________________________

ein ______________________________

mit ______________________________

nach ______________________________

vor ______________________________

Aber: auspacken ist etwas anderes als einpacken.

6 Ergänze die Sätze mit passenden Verben.

Wenn ich fernsehen möchte, muss ich das Gerät ______________.

Bevor ich ins Bett gehe, soll ich den Computer ______________.

Damit dein Zimmer ordentlich ist, musst du es ______________.

Wenn wir gegessen haben, müssen wir den Tisch ______________.

Der Verkäufer fragt: „Soll ich die CD als Geschenk ______________?"

Am Geburtstag darf ich Geschenke ______________.

Unbekannte Wörter kann ich in der Wörterliste ______________.

Der Lehrer bittet uns: „Könnt ihr die Mathebücher ______________?"

→ auspacken
einpacken

nachschlagen
aufschlagen

anschalten
abschalten

aufräumen
abräumen

Zusammengesetzte Verben

Ein Flug nach Istanbul

Ali und Semira Özil wollen mit den Eltern nach Istanbul fliegen. Damit sie pünktlich am Flughafen eintreffen, nehmen sie sich ein Taxi. Trotzdem ist es schon spät, als sie am Flughafen ankommen. Schnell müssen sie ihr Gepäck am Gepäckschalter aufgeben und zur Sicherheitskontrolle laufen. Als sie über eine schmale Treppe in das Flugzeug einsteigen, begrüßt sie eine freundliche Stewardess. Ali und Samira sitzen beide am Fenster und warten ungeduldig darauf, dass sie mit dem Flugzeug abheben. Endlich startet das Flugzeug. Während die Stewardessen vorführen, wie die Schwimmwesten funktionieren, kann Ali vor Aufregung nicht aufpassen. Aber er will alles noch einmal genau im Faltblatt nachlesen.

die Stewardess

1 Was müssen Ali und Samira mit ihrem Gepäck tun? Schreibe einen Satz.

2 Im Text sind zusammengesetzte Verben hervorgehoben.
Die Verben wurden mit **ein**, **an**, **auf**, **ab**, **vor**, **nach** zusammengesetzt.

a) Markiere in jedem Verb die Stelle, an der es zusammengesetzt ist.
b) Schreibe auf wie im Beispiel.

ein|treffen	ein + treffen	eintreffen
ankommen		
aufgeben		
einsteigen		
abheben		
vorführen		
aufpassen		
nachlesen		

Zusammengesetzte Verben im Satz

Im Flughafen von Istanbul

Das Flugzeug landet. Die Fluggäste klatschen Beifall. Sie steigen fröhlich aus dem Flugzeug aus. Ein Bus wartet bereits. Er holt die Fluggäste ab, um sie zum Flughafengebäude zu bringen. Im Flughafengebäude sagt Herr Özil: „Ich schaue zuerst nach, wo wir die Koffer bekommen." Bei der Passkontrolle sagt die Mutter: „Ihr zeigt am besten die Ausweise vor." Samira sucht nach dem Handy. Sie ruft die Großeltern an: „Wir kommen um 20.00 Uhr bei euch an."

1 Wie steigen die Fluggäste aus dem Flugzeug? Schreibe einen Satz.

Wenn wir zusammengesetzte Verben im Satz verwenden, dann werden die Verben meistens getrennt: abheben – Das Flugzeug hebt ab.

2 Im Text findest du 6 zusammengesetzte Verben, die im Satz getrennt sind.

a) Markiere die Bestandteile der zusammengesetzten Verben.
b) Schreibe die Verbformen wie im Beispiel auf.

aussteigen → *sie steigen aus*
abholen → *er*
nachschauen → *ich*
vorzeigen → *ihr*
anrufen → *sie*
ankommen → *wir*

3 Bilde Sätze.

einkaufen: *Ich kaufe gern ein* .
anfangen: *Wir* .
aufpassen: *Der Hund* .
absagen: *Du* .
nachprüfen: *Ihr* .
vorfahren: *Du* .

Das Wortfeld **machen**

Laura hat einen Praktikumsplatz in der Bäckerei.
Sie darf verschiedene Tätigkeiten ausführen. Darüber schreibt Laura.

Ich knete ~~mache~~ Teig.	→ ~~knete~~, rolle
Ich mache Brötchen.	belege, backe
Ich mache Brezeln.	forme, rolle
Ich mache Schokolade auf den Kuchen.	streiche, tupfe
Ich mache Mehl in die Knetmaschine.	siebe, schütte

Laura verwendet immer das Verb machen. Deshalb klingen die Sätze langweilig.

1 Verbessere die Sätze.

a) Streiche in allen Sätzen das Verb **machen**.
b) Ersetze das Verb **machen** durch passende Verben.
Schreibe darüber.

2 Schreibe die verbesserten Sätze ab.
Benutze den **Satzprofi**.

→ Satzprofi Klappe vorn

Das Wortfeld **machen**

**Sascha arbeitet bei seinem Praktikum in einer Autowerkstatt.
Er beschreibt seine Tätigkeiten:**

Ich mache die Autos.

Ich mache die Reifen.

Ich mache die Felgen.

Ich mache die Werkstatt.

→ putze
stapele
poliere
wechsle
prüfe
fege

3 Was meint Sascha mit **machen**? Verbessere die Sätze.

a) Ersetze das Verb **machen** durch passende Verben.
Es gibt mehrere Möglichkeiten.

b) Schreibe Sätze auf.

Enrico hat einen Praktikumsplatz bei einem Metzger.

4 Was macht Enrico genau?

a) Bilde Sätze zu den Tätigkeiten auf den Bildern.
Verwende passende Verben.

b) Schreibe die Sätze auf.

Konjunktionen

aber

Nina möchte mit Kira in die Stadt fahren. Sie ruft an.

Nina: „Hallo Kira! Kommst du heute mit in die Stadt?"
Kira: „Ich komme mit, aber ich muss erst noch Hausaufgaben machen."
Nina: „Bei Maxi habe ich tolle T-Shirts gesehen. Wollen wir uns dort ein T-Shirt kaufen?"
Kira: „Das ist eine super Idee, aber ich habe kein Geld mehr."
Nina: „Soll ich dir Geld leihen?"
Kira: „Das ist nett, aber ich kann dir das Geld erst in einer Woche zurückzahlen."

1 Was antwortet Kira auf die Frage von Nina: „Soll ich dir Geld leihen?"
Schreibe einen Satz.

Kira findet die Vorschläge von Nina gut, aber sie hat auch Einwände:
„Ich finde die Idee toll, aber ich muss erst noch meine Mutter fragen."

2 a) Markiere im Text alle Einwände.
b) Markiere auch das Komma vor **aber**.

3 Welche Einwände hat Kira noch? Ergänze zu jedem Satz einen Satz mit **aber**. Du kannst die Sätze aus der Randspalte verwenden. Du kannst auch eigene Einwände aufschreiben.

Wir können Tim und Jonas treffen, *aber* ______

Meine Mutter kann uns in die Stadt bringen, ______

Wir holen dich ab, ______

→ … wir fahren mit dem Bus zurück.

… wir kommen erst in einer Stunde.

… wir bummeln allein durch die Stadt.

wenn

Erduan braucht für eine Party noch einige Dinge. Er fragt seinen Bruder Onur danach.

Erduan: „Onur, kannst du mir deine neuen Turnschuhe leihen?"
Onur: „Du kannst dir die Schuhe leihen, wenn du sie nicht schmutzig machst."
Erduan: „Kann ich die neue CD mitnehmen?"
Onur: „Du kannst die neue CD mitnehmen, wenn du gut aufpasst."
Erduan: „Darf ich mit deinem Fahrrad zur Party fahren?"
Onur: „Du darfst mit dem Fahrrad fahren, wenn du es sicher abschließt."

1 Was antwortet Onur auf die Frage von Erduan: „Kann ich die neue CD mitnehmen?" Schreibe einen Satz.

Onur erfüllt die Wünsche von Erduan. Dabei stellt er Bedingungen mit wenn. „Ich gebe dir Geld, wenn du es mir morgen zurückgibst."

2 a) Markiere im Text alle Bedingungen.
b) Markiere auch das Komma vor **wenn**.

3 Onur stellt weitere Bedingungen. Bilde Sätze mit **wenn** und schreibe sie auf.

Du kannst mit meinem Ball Fußball spielen, *wenn du Sammelbilder vom Fußball mit mir tauschst.*

Ich gebe dir ein Eis aus,

Du kannst meinen Pulli haben,

Ich leihe dir mein Handy,

weil

Die Jugendlichen der Klasse 8 machen Vorschläge für die nächste Klassenfahrt.

Julia: „Ich möchte gern in eine Stadt fahren, weil ich mir schöne Sachen kaufen will."

Katja und Ellen: „Wir wollen in ein Feriendorf fahren, weil wir dort in eigenen Hütten wohnen können."

Timo und Lea: „Wir möchten an einen See fahren, weil wir dort schwimmen können."

Tarek: „Ich schlage einen Freizeitpark vor, weil ich Achterbahn fahren will."

1 Warum möchte Julia gern in die Stadt? Schreibe einen Satz.

Mit ihren Vorschlägen wollen die Jugendlichen die anderen überzeugen.
Sie ergänzen deshalb zu den Vorschlägen Begründungen mit weil:
„Ich möchte in eine Großstadt fahren, weil es dort viel zu erleben gibt."

2 a) Markiere im Text alle Begründungen.
b) Markiere auch das Komma vor **weil**.

3 Welche Begründungen passen? Ergänze die Sätze.
Es gibt mehrere Möglichkeiten.

Wir wollen in die Berge fahren, *weil* ______

Ich möchte gern in eine Jugendherberge in der Nähe fahren, ______

Wir würden gern nach England fahren, ______

Ich schlage einen Campingplatz vor, ______

→ wir dort wandern können
- es dort tolle Freizeitangebote gibt
- es preiswert ist
- wir dort Englisch sprechen können
- ich noch nie dort war
- wir dort klettern können

Die Jugendlichen überlegen weiter.

Die Jugendlichen stellen Bedingungen und nennen Begründungen.

1 a) Markiere die Bedingungen mit **wenn** grün.
b) Markiere die Begründungen mit **weil** blau.

2 a) Ergänze die Sätze. In der Randspalte findest du Hilfen.
Du kannst auch selbst überlegen.
b) Markiere **weil** und **wenn** und das Komma.

Eine Fahrt in die Berge ist toll, ____________________

In der Großstadt einkaufen macht Spaß, ____________________

Ein Spaziergang an der Nordsee am Strand ist klasse, ____________________

Eigene Hütten sind gemütlich, ____________________

An einem See können wir Wassersport machen, ____________________

→ wir abends am Kamin sitzen können

es nicht zu stürmisch ist

wir alle schwimmen können

wir dort klettern können

wir genug Geld haben

3 Wohin willst du gern eine Klassenfahrt machen? Schreibe eigene Sätze mit Bedingungen oder Begründungen in dein Heft.

Sätze erkennen – Sätze bilden

Fehlende Informationen ergänzen

**Tessa findet an ihrem Fahrrad einen Zettel mit einer Nachricht.
Weil es geregnet hat, ist nur noch ein Teil der Nachricht zu lesen.**

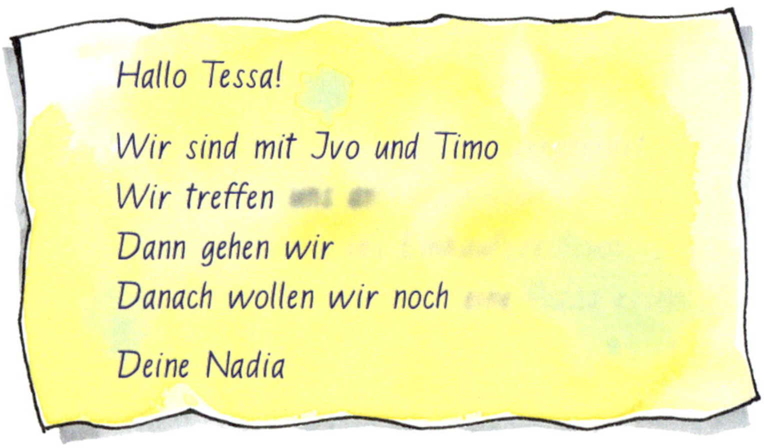

**Bei jedem Satz in der Nachricht fehlen Informationen.
Deshalb kann Tessa die Nachricht nicht verstehen.**

1 Schreibe eine Nachricht, die Tessa verstehen kann.
Vervollständige die Sätze. Es gibt mehrere Möglichkeiten.

Hallo Tessa!

Wir sind mit Jvo und Timo ______________________

____

____

____

____

Deine Nadia

→ heute Nachmittag verabredet
um 15 Uhr verabredet

uns am Marktplatz
uns vor dem Bahnhof

gemeinsam in die Stadt
zum Einkaufszentrum

ein Eis essen
eine Pizza essen

Sätze enthalten einzelne Informationen. Damit wir einen Satz verstehen, müssen die Informationen vollständig sein.

2 Schreibe eine eigene Nachricht an deine Freundin oder an deinen Freund. Schreibe in dein Heft.

Sätze bilden

Die Jugendlichen haben sich in der Stadt verabredet und gehen ins Einkaufszentrum. Was machen die Jungendlichen?

1 Bilde Sätze und schreibe sie auf. Es gibt mehrere Möglichkeiten.

eine Verabredung	Tessa und Nadia	heute	haben

Heute haben

gehen	mit Ivo und Timo	sie	ins Einkaufszentrum

im Einkaufszentrum	eine Tüte Popcorn	sie	kaufen

in die Sportabteilung	mit der Rolltreppe	Ivo und Nadia	fahren

fahren	rauf und runter	Tessa und Timo	mit dem Fahrstuhl

2 Was machen Tessa, Nadia, Ivo und Timo noch im Einkaufszentrum?

a) Bilde selbst Sätze.
b) Schreibe die Sätze auf.

Satzgrenzen bestimmen

Tessa und Timo

Tessa ist seit einigen Wochen in Timo verliebt / sie möchte gern viel Zeit mit ihm verbringen Timo mag Tessa auch gern leider sind sie bei den Verabredungen nicht allein oft wollen ihre Freundinnen und Freunde etwas mit ihnen unternehmen dann gehen alle zusammen zum Beispiel ins Kino Tessa und Timo sitzen dann nebeneinander manchmal gehen die Jugendlichen in die Eisdiele Tessa und Timo haben sich beim Eisessen viel zu erzählen.

Dieser Text ist schwer zu lesen, weil die Punkte am Ende von den Sätzen fehlen.

1 a) Lies den Text. Überlege, wo die Sätze zu Ende sind.
b) Markiere, wo die Sätze zu Ende sind. Es sind 9 Sätze.

2 Schreibe die Sätze richtig auf.
Denke daran: Das erste Wort im Satz schreiben wir groß.
Am Ende von jedem Aussagesatz steht ein Punkt.

Satzschlusszeichen wiederholen

Am Ende von einem Satz steht ein **Punkt**, ein **Fragezeichen** oder ein **Ausrufezeichen**.

So geht die Geschichte von Tessa und Timo weiter.

Tessa vertraut Nadia an: „Ich würde Timo gern einmal allein treffen☐ Meinst du, dass ich Timo einfach mal ansprechen kann☐ Ich bin so unsicher☐ Vielleicht sagt er Nein☐" Nadia wundert sich: „Hast du etwa Angst☐ Probiere es doch einfach☐" Mit klopfendem Herzen spricht Tessa Timo nach der Schule an: „Timo, hast du Lust, mit mir ins Kino zu gehen☐" Timo erkundigt sich: „Nur wir beide☐" Tessa antwortet unsicher: „Ja, das dachte ich☐" Timo freut sich: „Das ist ja eine super Idee☐ Wann hast du denn Zeit☐"

1 a) Lies die Sätze mit unterschiedlicher Betonung.
b) Überlege bei jedem Satz: Welches Satzschlusszeichen passt?
c) Ergänze die passenden Satzschlusszeichen.
Manchmal gibt es verschiedene Möglichkeiten.

2 Was könnten Tessa und Timo noch sagen?

a) Bilde 6 weitere Sätze.
b) Schreibe die Sätze mit passenden Satzzeichen auf.

Satzglieder wiederholen und vertiefen

Das Subjekt und das Prädikat

Die Antwort auf die Frage **Wer?** nennen wir **Subjekt**.
Die Antwort auf die Frage **Was tut?** nennen wir **Prädikat**.
Das Subjekt und das Prädikat sind **Satzglieder**.

Ein hektischer Morgen

Lea verschläft. Die Mutter ruft. Lea springt aus dem Bett. Sie rennt zum Badezimmer. Lea wäscht ihr Gesicht und kämmt die Haare. Lea läuft in ihr Zimmer. Die Mutter bringt ihr einen Rock. Dann holt die Mutter ein T-Shirt aus dem Schrank. Lea packt ihre Schultasche. Der Vater sucht das Sportzeug. Er streicht auch die Brote. Der Bruder fährt Lea zur Schule.

1 Wer macht was an diesem Morgen?

a) Beantworte die Fragen.
b) Markiere **Wer?** und die Antwort (Subjekt) grün.
c) Markiere **Was tut?** und die Antwort (Prädikat) rot.

Wer verschläft? ______

Was tut die Mutter? ______

______

Wer packt die Schultasche? ______

Was tut der Vater? ______

______

Wer fährt Lea zur Schule? ______

2 a) Stelle selbst Fragen mit **Wer?** oder **Was tut?**
b) Schreibe die Fragen und die Antworten auf.

______

______

______

Das Akkusativ-Objekt

Die Antwort auf die Frage **Wen** oder **was**? nennen wir **Akkusativ-Objekt**.

Lea kommt spät in der Schule an und rennt in die Klasse. Dort ist heute alles anders, denn die Jugendlichen räumen die Klasse auf.

1 Lilli sucht ___, um nach einer Leiter zu fragen.
2 Daniel repariert ___. Er bittet ___ um Hilfe.
3 Karim und Carlos wischen ___ ab. Ahmed bringt ___ weg.
4 Thea fragt ___ nach neuen Büchern.

→ die Fensterbänke
das Altpapier
das alte Regal
die Lehrerin
Lea
den Hausmeister

1 a) **Wen** sucht Lilli? **Was** repariert Daniel? Stelle Fragen. Ergänze Akkusativ-Objekte. Manchmal gibt es mehrere Möglichkeiten.
b) Schreibe die vollständigen Sätze auf.

2 Was machen die Jugendlichen in der Klasse noch?
a) Schreibe Sätze auf.
b) Markiere das Subjekt grün, das Prädikat rot, das Akkusativ-Objekt blau.

→ die Bücher ordnen
die Blumen gießen
die Tafel putzen
die Schulleiterin nach neuen Tischen fragen
bunte Kreide holen
neue Namensschilder schreiben

Das Dativ-Objekt

Die Jugendlichen der Max-Ernst-Schule nehmen an einem Wettbewerb für Schulsanitäter* teil. 5 Personen spielen die Verletzten.

*Das sind Schüler, die vom Roten Kreuz geschult sind. Sie machen Dienst im Sanitätsraum.

1 **Maria klebt einem Jungen ein Pflaster auf die Stirn.**
2 **Sven verbindet einem Mädchen den Arm.**
3 **Cedrik legt einem kleinen Jungen ein Kühlkissen auf die Beule.**
4 **Anna schiebt einer Frau eine Decke unter die Knie.**
5 **Diba gibt einem Mann eine Salbe auf die Wunde.**

1 An welchem Wettbewerb nehmen die Schülerinnen und Schüler teil?

2 **Wem** hilft Maria? **Wem** helfen die anderen Jugendlichen?

a) Schreibe die Antworten in ganzen Sätzen auf.
b) Markiere Wem? und die Antworten blau.

Wem klebt Maria ein Pflaster auf die Stirn?

Maria klebt einem Jungen ein Pflaster auf die Stirn.

Wem verbindet Sven den Arm?

Wem legt Cedrik ein Kühlkissen auf die Beule?

Wem schiebt Anna eine Decke unter die Knie?

Wem gibt Diba eine Salbe auf die Wunde?

Nach dem Wettbewerb passiert noch viel.

3 a) Ergänze die Sätze. Es gibt mehrere Möglichkeiten.
b) Markiere die Antwort auf die Frage Wem? blau.

Der Ausbilder überreicht *den Jugendlichen* die Urkunde.

Die Schüler zeigen ______ die Auszeichnung.

Der Lehrerin gratuliert ______.

Die Schüler helfen ______ beim Aufräumen.

Sie wickeln ______ den Verband ab.

Jonah nimmt ______ das Kühlkissen ab.

Der Lehrer spendiert ______ Pommes und Cola.

→ den Sanitätern
den erschöpften Jugendlichen
den Eltern
~~den Jugendlichen~~
dem Verletzten
allen
dem kleinen Jungen

Helfen ist wichtig. Viele Menschen brauchen unsere Hilfe nicht nur, wenn sie verletzt sind.

4 Wem hilfst du manchmal?

a) Bilde 4 Sätze.
Du kannst die Wortgruppen aus der Randspalte verwenden.
Du kannst auch eigene Sätze aufschreiben.
b) Markiere die Antwort auf die Frage Wem? blau.

Jch helfe meinem kleinen Bruder bei den Hausaufgaben.

→ meinem kleinen Bruder, meiner Mutter, dem Hausmeister, meinem Nachbarn, meiner Oma …

bei den Hausaufgaben, in der Küche, im Kiosk, bei der Gartenarbeit, beim Einkaufen …

Extra: Den Ort angeben

Leon, Sehad und Tim sind verabredet. Leon ruft Sehad an.
Aber die Telefonverbindung ist schlecht.

Leon: „Wir treffen uns …"
Sehad: „Ich habe dich nicht verstanden. Wo treffen wir uns?"
Leon: „Wir treffen uns am Marktplatz! Dann fahren wir …"
Sehad: „Du musst lauter sprechen. Wohin fahren wir?"
Leon: „Wir fahren zum Sportplatz! Tim kommt direkt aus …"
Sehad: „Woher kommt Tim?"
Leon brüllt ins Telefon: „Tim kommt direkt aus der Schule!"

1 Sehad stellt viele Fragen, weil er Leon nicht versteht.

a) Lies die Fragen.
b) Schreibe die Antworten auf.
c) Markiere Wo?, Wohin?, Woher? und die Antwort gelb.

Wo treffen wir uns?

____

Wohin ______________________________

____

Woher ______________________________

____

Die Antwort auf die Frage **Wo? Wohin?** und **Woher?** nennen wir **Ortsangabe**:
Wo treffen wir uns? Wir treffen uns **am Bahnhof**.

2 Ergänze die Sätze. Markiere die **Ortsangabe**.

Thea und Emine treffen sich ______________________________.
Wo?

Kai und Uwe gehen ______________________________.
Wohin?

Halil kommt ______________________________.
Woher?

→ im Jugendzentrum / im Kino
ins Kino / zum Schwimmbad
aus dem Haus / vom Zahnarzt

Extra: Die Zeit angeben

Tim möchte von der Schule aus mit dem Bus zum Sportplatz fahren. Dort will er mit Leon und Sehad Fußball spielen.

Tim geht um 14 Uhr zur Bushaltestelle. Dort wartet er eine halbe Stunde auf den Bus. Aber der Bus kommt nicht. Leon und Sehad spielen schon seit 13 Uhr Fußball.

1 a) Lies die Fragen zum Text.
b) Schreibe die Antworten in ganzen Sätzen auf.
c) Markiere Wann?, Wie lange?, Seit wann? und die Antwort gelb.

Wann geht Tim zur Bushaltestelle?

____

Wie lange wartet er auf den Bus?

____

Seit wann spielen Leon und Sehad schon Fußball?

____

! Die Antwort auf die Frage **Wann? Wie lange? Seit wann?** nennen wir **Zeitangabe**: **Wann** kommst du? Ich komme **um 14 Uhr**.

2 a) Ergänze die Sätze. Es gibt mehrere Möglichkeiten.
b) Markiere die **Zeitangabe**.

Thea möchte sich ______________ mit Klara treffen.
Wann?

Burak braucht mit dem Bus von der Schule bis nach Hause
______________.
Wie lange?

Meine Oma liegt ______________ im Krankenhaus.
Seit wann?

→ heute Nachmittag / um 16 Uhr

eine halbe Stunde / 20 Minuten

seit zwei Wochen / schon lange

3 a) Bilde 3 eigene Sätze mit Ortsangaben oder Zeitangaben.
b) Schreibe sie in dein Heft.

Extra: Die Art und Weise angeben

Der Bus kommt nicht, deshalb geht Tim zu Fuß zum Sportplatz.
Es ist ein langer Weg.

1 Tim kommt müde am Sportplatz an.
2 Die Freunde warten ungeduldig.
3 Aber dann begrüßen die Freunde Tim lachend.

1 a) Lies die Fragen.
b) Schreibe die Antworten in ganzen Sätzen auf.
c) Markiere Wie? und die Antwort gelb.

Wie kommt Tim am Sportplatz an?

____

Wie warten die Freunde?

____

Wie begrüßen die Freunde Tim?

____

Die Antwort auf die Frage **Wie?** nennen wir
die **Angabe von der Art und Weise**.
Wie öffnet er das Paket? Er öffnet das Paket **vorsichtig**.

2 a) Ergänze die Sätze. Es gibt mehrere Möglichkeiten.
b) Markiere die **Angabe von der Art und Weise**.

Pia macht beim Preisausschreiben mit.

Sie erzählt ______________________ , dass sie gewonnen hat.
Wie?

Imal möchte sich im Fußballverein anmelden.

Die Mutter erlaubt dies ______________________ .
Wie?

Leon fragt Sehad und Tim, ob sie mit ihm in die Schuldisco gehen.

Sehad und Tim sagen ______________________ zu.
Wie?

→ begeistert / glücklich
gern / sofort
selbstverständlich / schnell

Extra: Wo? Wann? Wie?

Leon, Sehad und Tim wollen gemeinsam in die Schuldisco gehen.

Leon und Tim gehen um 18.00 Uhr zur Schule. Sehad kommt erst um 18.30 Uhr. In der Schuldisco ist es schon sehr voll. Aber am Eingang ist noch Platz. Tim und Sehad gefällt die Musik klasse. Leon gefällt die Musik gar nicht.

1 Im Text sind Ortsangaben, Zeitangaben und Angaben von der Art und Weise hervorgehoben.

a) Suche dir 3 Angaben aus dem Text aus und frage mit **Wo? Wann? Wie?** nach den Angaben.
b) Schreibe die Fragen und die Antworten auf.

____

____

____

____

____

____

2 Ergänze die Sätze sinnvoll. Die Wörter und Wortgruppen in der Randspalte helfen dir. Du kannst auch eigene Möglichkeiten finden.

Leon und Sehad stehen ______________ (Wo?) und hören die Musik.

Tim geht ______________ (Wie?) zur Tanzfläche und tanzt.

Nach dem Tanzen sucht Tim seine Freunde ______________ (Wo?).

Er findet die beiden ______________ (Wann?) am Getränkestand.

Leon gibt Tim ______________ (Wie?) eine Cola aus.

Die Freunde verlassen die Disco ______________ (Wann?).

→ um 20.00 Uhr
überall
nach zehn Minuten
großzügig
mutig
am Eingang

Wörter nachschlagen

Nomen nachschlagen

**Mirco macht ein Praktikum im Tierpark. Er fotografiert viel.
Die Fotos klebt er in die Praktikumsmappe.**

1

2

3

4

5

6

1 Mirco möchte die Fotos beschriften. Was hat Mirco fotografiert?

a) Sieh dir die Fotos an.
b) Schreibe zu jedem Foto das passende Nomen mit Artikel auf.

2 Kontrolliere mit der Wörterliste,
ob du die Nomen richtig geschrieben hast.

→ Wörterliste S. 62–64

a) Schlage die Nomen in der Wörterliste nach.
b) Schreibe die Nomen in die Tabelle.
c) Schreibe die Seite und die Spalte auf.

Nomen	Wörterliste Seite	Wörterliste Spalte

Verben nachschlagen

Mirco hat im Tierpark viel zu tun.

1 Was macht Mirco? Sieh dir die Bilder an. Ergänze passende Verben.

Er *fängt* ______ das Lamm. Er ______ das Lamm.

Er ______ den Vögeln Futter. Er ______ das Gehege.

Er ______ mit den Affen. Er ______ das Pferd.

→ gibt
spielt
wiegt
putzt
fegt
~~fängt~~

In Wörterbüchern stehen die Verben immer in der Grundform (Infinitiv).

2 a) Bilde die Grundform von den Verben aus Aufgabe 1.
b) Kontrolliere mit der Wörterliste,
ob du die Verben richtig geschrieben hast.

→ Wörterliste S. 62–64

er *fängt* → *fangen* er ______ → ______

er ______ → ______ er ______ → ______

er ______ → ______ er ______ → ______

3 a) Bilde die Grundform von den Verben in diesen Sätzen.
b) Suche die Grundform in der Wörterliste.
Kontrolliere, ob du die richtige Grundform gebildet hast.

Der Papagei flog durch den Käfig. Der Wärter nahm die Schere.

Er lockte den Papagei. Dann schnitt er dem Papagei die Krallen.

er flog – fliegen

Extra: Fremdwörter nachschlagen

**Pia hat Ärger mit ihrer Mutter. Nun schreibt sie eine E-Mail an ihre Freundin.
Bei manchen Wörtern ist Pia nicht sicher, wie sie geschrieben werden.**

Treffen wir uns im 

Meine Mutter meint, ich hocke zu viel vor dem 

**Wenn wir ein K hören, schreiben wir oft ein K: das Krokodil.
Manchmal wird das K, das wir hören, auch mit C geschrieben: der Comic.**

1 Wo findet Pia die Wörter in der Wörterliste: bei **K** oder bei **C**?
Ergänze die Sätze:

→ Wörterliste S. 62–64

Pia findet das Wort  ☐afé auf Seite ____ in Spalte ____.

Pia findet das Wort  ☐omputer auf Seite ____ in Spalte ____.

2 Diese Wörter werden am Anfang mit **K** gesprochen.
Wie musst du die Wörter am Anfang schreiben?

a) Schlage die Wörter in der Wörterliste nach.
b) Ergänze den richtigen Buchstaben am Anfang.

→ Wörterliste S. 62–64

das ☐asting — Seite ____ in Spalte ____
das ☐onzert — Seite ____ in Spalte ____
die ☐assette — Seite ____ in Spalte ____
der ☐ontainer — Seite ____ in Spalte ____
die ☐urve — Seite ____ in Spalte ____
der ☐ampingplatz — Seite ____ in Spalte ____
die ☐opie — Seite ____ in Spalte ____

3 Zeichne eine Tabelle in dein Heft. Ordne die Wörter aus Aufgabe 2 in die Tabelle ein.

Wörter mit C	Wörter mit K

Extra: Fremdwörter nachschlagen

Lisa antwortet Pia in einer Mail:

Ich habe heute keine Zeit. Ich gehe gleich mit meiner Mutter shoppen.

Für den Campingurlaub brauche ich eine Sonnenbrille und neue Shorts.

1 Prüfe, ob Lisa die Wörter richtig geschrieben hat.

a) Schlage die Wörter in der Wörterliste nach.
b) Schreibe die Seite und die Spalte auf.

→ Wörterliste S. 62–64

shoppen: Seite ______ in Spalte ______

die Shorts: Seite ______ in Spalte ______

2 a) Suche in der Wörterliste vier weitere Wörter mit **Sh/sh** am Anfang.
b) Trage die Wörter in die Tabelle ein.

→ Wörterliste S. 62–64

Wörter mit Sh/sh	Wörterliste Seite	Wörterliste Spalte

3 Welche Wörter von Seite 56 und 57 willst du üben?

a) Wähle 4 Wörter aus. Bilde mit jedem Wort einen Satz.
b) Schreibe die Sätze auf.

Das kann ich!

Wörter mit Doppelkonsonanten
Verben mit be- und ver-

Lies die Aufgaben. Bearbeite sie.

Die Wette

Tim wettet, dass er schneller als Ali laufen kann. Die Freunde beschließen, am Sonntag einen Wettlauf zu machen. Sie besprechen auch den Gewinn: Der Verlierer bezahlt dem Gewinner ein Eis. Tim findet die Wette toll. Im Traum rennt er dreimal so schnell wie Ali. Aber Ali ruft am Sonntagmorgen an. Er will den Lauf verschieben. Tim findet das nicht nett. Ali muss versprechen, beim nächsten Mal nicht abzusagen.

1 a) Im Text findest du Nomen mit Doppelkonsonanten.
Schreibe sie mit Artikel auf.
b) Immer 2 Nomen aus dem Text gehören zusammen. Markiere sie wie im Beispiel mit der gleichen Farbe: der Grill – das Grillfest.

2 Im Text findest du Adjektive mit Doppelkonsonanten.
Schreibe sie wie im Beispiel auf: **still – stiller als – am stillsten**.

3 Im Text findest du Verben mit Doppelkonsonanten. Schreibe sie auf.
Ergänze wie im Beispiel die Grundform: **er schwimmt – schwimmen**.

4 a) Im Text findest du Verben mit **be-** und **ver-**. Markiere diese Verben.
b) Bilde neue Verben mit **be-** und **ver-**. Schreibe in dein Heft.

stehen, streichen, hindern, klagen, graben, suchen

Das kann ich!

Konjunktionen
Wörter mit V/v

Lies die Aufgaben. Bearbeite sie.

Eine Wanderung in die Berge

Die Jugendlichen aus der Klasse 8 planen eine Wanderung in die Berge. Der Lehrer erklärt: „Ihr müsst Pullover und Jacken mitnehmen, weil es im November kalt sein kann. Eine Voraussetzung sind auch wasserdichte Schuhe, weil es vielleicht regnen wird. Nehmt Essen mit, aber es soll nicht zu viel Süßes sein. Ihr dürft in Gruppen gehen, aber in jeder Gruppe müssen vier Jugendliche sein. Ihr müsst vorsichtig sein, wenn es neblig wird. Wir können noch mal wandern, wenn ihr euch vollständig an die Regeln haltet.

1 Wie viele Jugendliche müssen in einer Gruppe sein? Schreibe einen Satz.

____

2 a) Markiere im Text alle Sätze, die mit **weil**, **aber** und **wenn** beginnen.
b) Markiere auch das Komma vor **weil**, **aber** und **wenn**.

3 a) Ergänze zu jedem Satz einen Satz mit **weil**, **aber**, **wenn**.
b) Markiere **weil**, **aber** und **wenn** und das Komma.

Beim Wandern brauchen die Jugendlichen wasserdichte Schuhe,

weil ______________________________.

Die Jugendlichen brauchen Essen, aber ______________

______________. Es ist gut ein Handy mitzunehmen,

wenn ______________________________.

4 In dem Text findest du 8 Wörter mit **V/v**.
Schreibe sie auf. Ergänze bei den Nomen den Artikel.
Benutze den Wortprofi für **Merkwörter**.

→ Wortprofi Klappe vorn

____

____

____

Das kann ich!

Wo? Wann? Wie?
Wörter mit ß

Lies die Aufgaben. Bearbeite sie.

Kim und Ali kochen

Kim hat / am Samstag / Geburtstag. / Sie will / ihre Familie / einladen. / Um zehn Uhr / ruft Kim / Ali an. / Kim fragt / aufgeregt: / „Ali, / kannst du mir / beim Kochen / helfen?" / Ali fährt / schnell / zu Kim. / Er bringt / Süßigkeiten / und einen Blumenstrauß mit. / In der Küche / kochen / Kim und Ali / Kartoffelklöße mit Soße. / Als Nachtisch / macht Ali / einen Grießbrei. / Kim deckt / im Wohnzimmer / den Tisch.

1 Was macht Ali als Nachtisch? Schreibe einen Satz.

2 Im Text sind Ortsangaben, Zeitangaben und Angaben von der Art und Weise hervorgehoben. Frage mit **Wo? Wann?** oder **Wie?** nach den Angaben. Schreibe die Fragen auf.

Wann hat Kim Geburtstag?

3 a) Im Text findest du Nomen mit **ß**. Markiere die Nomen.
b) Schreibe die Nomen mit den passenden Artikeln auf. Benutze den Wortprofi für **Merkwörter**.

→ Wortprofi Klappe vorn

4 Schreibe den Text **Kim und Ali kochen** in dein Heft ab. Benutze den Satzprofi.

→ Satzprofi Klappe hinten

Das kann ich!

Verben mit -ieren Satzglieder

Lies die Aufgaben. Bearbeite sie.

Das Sommerfest

Die Jugendlichen / aus der Klasse 8 / organisieren / ein Sommerfest. / Sie diskutieren / die Aufgaben. / Lena und Selim / sollen die Lehrer / über den Ablauf / informieren. / Carlos will / die Einladung / für die Eltern / kopieren. / Tim und Paula / wollen musizieren. / Pedro soll / den Gewinnern / von der Verlosung / gratulieren.

1 Wer will die Einladung für die Eltern kopieren? Schreibe einen Satz.

____

2 In dem Text haben 6 Verben die Endung **-ieren**.

a) Schreibe die Verben auf.
b) Markiere die Endung **-ieren**.

____

____

3 **Wer** organisiert das Sommerfest? **Wer** übernimmt welche Aufgaben? Ergänze passende Subjekte.

____________________ organisieren ein Sommerfest.

____________________ informieren alle Lehrer.

____________________ kopiert die Einladung.

4 **Was tun** die Jugendlichen? Ergänze die Prädikate.

Kara und Peter ________________ das Essen für das Fest.

Leo und Kim ________________ Tische und Stühle auf den Schulhof.

Burak und Pedro ________________ die Bühne.

5 Schreibe den Text **Das Sommerfest** in dein Heft ab. Benutze den Satzprofi.

→ Satzprofi
Klappe hinten

Wörterliste

der
das
die

A

Ab, ab	aber	38, 59
	abräumen (er räumt ab)	15
	abstellen (er stellt ab)	4, 32
	abtrennen (er trennt ab)	4, 32
Al, al	alle	4
An, an	anfassen (er fasst an)	4, 32
	anziehen (er zieht an, er zog an)	32
Au, au	aufhören (er hört auf)	32
	aufwecken (er weckt auf)	32
	ausprobieren (er probiert aus)	13

B

Ba, ba	der Ball, die Bälle	7
Be, be	befragen	25
	beginnen (er beginnt, er begann)	4
	die Belohnung, die Belohnungen	21
	berichten	24
	die Beschreibung, die Beschreibungen	21
	besprechen (er bespricht, er besprach)	26, 58
	die Bestellung, die Bestellungen	4, 20
	die Bestimmung, die Bestimmungen	5
	das Bett, die Betten	6
	die Bewerbung, die Bewerbungen	21
Bl, bl	bleiben (er bleibt, er blieb)	27
Br, br	braten (er brät, er briet)	37

C

Ca, ca	das Café, die Cafés	56
	der Campingplatz, die Campingplätze	56
	das Casting, die Castings	56
Co, co	der Computer, die Computer	56
	der Container, die Container	56

D

Du, du	die Dummheit, die Dummheiten	21
	die Dunkelheit	21
	dünn, dünner, am dünnsten	6

E

Eh, eh	die Ehrlichkeit	20
Ei, ei	einschalten (er schaltet ein)	32
	einstellen (er stellt ein)	4, 32
En, en	entdecken	28
	entlassen (er entlässt, er entließ)	4, 28
	entnehmen (er entnimmt, er entnahm)	28
	entscheiden (er entscheidet, er entschied)	28
Er, er	erfahren (er erfährt, er erfuhr)	30
	die Erfindung, die Erfindungen	21
	der Erpresser, die Erpresser	5
	die Erwartung, die Erwartungen	21
Es, es	essen (er isst, er aß)	4, 15

F

Fa, fa	die Fähigkeit, die Fähigkeiten	21
	fangen (er fängt, er fing)	55
	farblich	23
	die Faulheit	20
Fe, fe	fegen	55
	feindlich, feindlicher, am feindlichsten	22
	fettig, fettiger, am fettigsten	4, 22
Fi, fi	finden (er findet, er fand)	18, 19
	fliegen (er fliegt, er flog)	55
Fl, fl	der Fluss, die Flüsse	7
	die Flüssigkeit, die Flüssigkeiten	4, 21
Fr, fr	die Frechheit, die Frechheiten	21
	friedlich, friedlicher, am friedlichsten	23
Fu, fu	die Führung, die Führungen	21
	der Fußball, die Fußbälle	10
	das Futter	4, 54

G

Ge, ge	geben (er gibt, er gab)	55
	gefährlich, gefährlicher, am gefährlichsten	22
	die Gemeinheit, die Gemeinheiten	21
	der Gewinn, die Gewinne	7, 58
Gr, gr	die Grillhütte, die Grillhütten	5

H

He, he	helfen (er hilft, er half)	18, 19, 26
	hell, heller, am hellsten	6, 7
Ho, ho	hoffen	6, 7

der
das
die

der
das
die